U0457405

电力行政执法
知识问答

主　编　林礼健

副主编　黄纯熙　陈远福　纪华享

中国电力出版社
CHINA ELECTRIC POWER PRESS

内 容 提 要

本书主要对电力行政执法的基本知识、执法过程中经常遇到的问题和易发生的不规范行为进行分析解答，为电力行政执法队伍规范工作流程和电网公司依法维护企业利益提供实践指导。

本书可供电力行政执法人员及执法辅助人员、电网公司设备运维人员及营销用电检查人员阅读参考。

图书在版编目（CIP）数据

电力行政执法知识问答／林礼健主编. —北京：中国电力出版社，2021.11

ISBN 978-7-5198-6011-0

Ⅰ. ①电⋯ Ⅱ. ①林⋯ Ⅲ. ①电力工业—行政执法—中国—问题解答 Ⅳ. ① D922.292.5

中国版本图书馆 CIP 数据核字（2021）第 189078 号

出版发行：中国电力出版社
地　　址：北京市东城区北京站西街 19 号（邮政编码 100005）
网　　址：http://www.cepp.sgcc.com.cn
责任编辑：杨　扬（010-63412524）
责任校对：黄　蓓　朱丽芳
装帧设计：赵丽媛
责任印制：杨晓东

印　　刷：北京天宇星印刷厂
版　　次：2021 年 11 月第一版
印　　次：2021 年 11 月北京第一次印刷
开　　本：787 毫米 ×1092 毫米　　32 开本
印　　张：3.75
字　　数：58 千字
定　　价：28.00 元

前言 ◀◀◀

　　法治是执政兴国的支撑，是发展的可靠保障。党的十八大以来，以习近平总书记为核心的党中央从关系党和国家前途命运的战略全局出发，把全面依法治国纳入"四个全面"战略布局，开启全面依法治国新时代。随着行政执法体制改革深入推进，我国逐步建立起适合国情和经济社会发展要求的行政执法体制，各地推行"三项制度"试点后，人民群众反映强烈的乱执法、执法不作为等突出问题得到有效遏制。

　　近年来，全国各地妨碍电力建设、破坏电力设施的违法事件时有发生，这不仅危害供电安全，也严重扰乱了正常的供用电秩序，使国家和供电企业蒙受巨大经济损失。另一方面，人民群众对于生活品质的要求逐步提高，安全可靠的电力供应已成为人民群众过上美好生活不可缺少的一环。从总体上看，受限于人力物力不足，电力执法行为不规范，有法不依、执法不严、违法不纠的现象依然存在，电力执法能力水平不高、对法律法规掌握不到位、对具体的问题束手无策等情况还较为普遍，电力执法队伍尚未能适应新时代推进全面依法治国以及违法事件带来的要求和挑战。

　　为了帮助基层电力执法单位更好地理解和运用法律法规，提高电力执法队伍的行政执法水平，有效遏制妨碍电力建设、破坏电力设施违法事件的发生，特编写本书。本书对电力执法各环节中遇到的一些常见问题进行了解答，书中还列举了电力执法过程中存在的一些典型误区，并对此类典型错误进行了解析。为了使问题更加具体化，本书部分问题以福建省的行政法规为依据，请读者在阅读时注意区分不同省（自治区、直辖市）行政法规的异同。

　　本书对提高电力行政执法队伍的执法水平，促进电力设施保护和供用电秩序维护起到较好的推动作用；对电网公司从事输电、变电、配电等设施的运维人员以及营销用电检查人员依法维护企业权益，协调处理危害电力设施的违法行为也是有益的参考。

　　由于时间和水平有限，书中难免有疏漏和不当之处，敬请广大读者提出意见和建议。

编者
2021年8月

目录◀◀◀

前言

第一章 ◀◀◀

法律常识

◆ 1. 宪法、法律、法规、规章之间的效力等级有何规定?

答:(1)宪法具有最高的法律效力,一切法律、行政法规、地方性法规、自治条例和单行条例、规章都不得同宪法相抵触。

(2)法律的效力高于行政法规、地方性法规、规章。行政法规的效力高于地方性法规、规章。

(3)地方性法规的效力高于本级和下级地方政府规章。省、自治区的人民政府制定的规章的效力高于本行政区域内的设区的市、自治州的人民政府制定的规章。

(4)部门规章之间、部门规章与地方政府规章之间具有同等效力,在各自的权限范围内施行。

依据:《中华人民共和国立法法》第八十七条、第八十八条、第八十九条、第九十一条

◆ 2. 法律可以设定的行政处罚有哪些?

答:法律可以设定各种行政处罚。限制人身自由的行政处罚,只能由法律设定。

依据:《中华人民共和国行政处罚法》(2021年修订版,全书同)第十条

◆ 3．行政法规可以设定的行政处罚有哪些？

答：行政法规可以设定除限制人身自由以外的行政处罚。法律对违法行为已经作出行政处罚规定，行政法规需要作出具体规定的，必须在法律规定的给予行政处罚的行为、种类和幅度的范围内规定。法律对违法行为未作出行政处罚规定，行政法规为实施法律，可以补充设定行政处罚。拟补充设定行政处罚的，应当通过听证会、论证会等形式广泛听取意见，并向制定机关作出书面说明。行政法规报送备案时，应当说明补充设定行政处罚的情况。

依据：《中华人民共和国行政处罚法》第十一条

◆ 4．地方性法规可以设定的行政处罚有哪些？

答：地方性法规可以设定除限制人身自由、吊销企业营业执照以外的行政处罚。法律、行政法规对违法行为已经作出行政处罚规定，地方性法规需要作出具体规定的，必须在法律、行政法规规定的给予行政处罚的行为、种类和幅度的范围内规定。法律、行政法规对违法行为未作出行政处罚规定，地方性法规为实施法律、行政法规，可以补充设定行政处罚。拟补充设定行政处罚的，应当通过听证会、论证会等形式广泛听取意见，并向制定机关作出书面说明。地方性法规报送备案时，应当说明补充设定行政处罚的情况。

依据：《中华人民共和国行政处罚法》第十二条

第二章 ◀◀◀
行政执法基本知识

◆ 1. 依法行政的基本要求有哪些?

答:(1)合法行政。行政机关实施行政管理,应当依照法律、法规、规章的规定进行;没有法律、法规、规章的规定,行政机关不得作出影响公民、法人和其他组织合法权益或者增加公民、法人和其他组织义务的决定。

(2)合理行政。行政机关实施行政管理,应当遵循公平、公正的原则。要平等对待行政管理相对人,不偏私、不歧视。行使自由裁量权应当符合法律目的,排除不相关因素的干扰;所采取的措施和手段应当必要、适当;行政机关实施行政管理可以采用多种方式实现行政目的的,应当避免采用损害当事人权益的方式。

(3)程序正当。行政机关实施行政管理,除涉及国家秘密和依法受到保护的商业秘密、个人隐私的外,应当公开,注意听取公民、法人和其他组织的意见;要严格遵循法定程序,依法保障行政管理相对人、利害关系人的知情权、参与权和救济权。行政机关工作人员履行职责,与行政管理相对人存在利害关系时,应当回避。

(4)高效便民。行政机关实施行政管理,应当遵守法定时限,积极履行法定职责,提高办事效率,提供优质服务,方便公民、法人和其他组织。

（5）诚实守信。行政机关公布的信息应当全面、准确、真实。非因法定事由并经法定程序，行政机关不得撤销、变更已经生效的行政决定；因国家利益、公共利益或者其他法定事由需要撤回或者变更行政决定的，应当依照法定权限和程序进行，并对行政管理相对人因此而受到的财产损失依法予以补偿。

（6）权责统一。行政机关依法履行经济、社会和文化事务管理职责，要由法律、法规赋予其相应的执法手段。行政机关违法或者不当行使职权，应当依法承担法律责任，实现权力和责任的统一。依法做到执法有保障、有权必有责、用权受监督、违法受追究、侵权须赔偿。

依据：《全面推进依法行政实施纲要》

◆ 2．什么是行政执法？

答：行政执法是指行政执法机关针对特定公民、法人和其他组织作出的行政许可、行政处罚、行政强制、行政确认、行政征收征用、行政检查等行为。

依据：《福建省行政执法条例》第三条

◆ 3. 什么是行政处罚?

答: 行政处罚是指行政机关依法对违反行政管理秩序的公民、法人或者其他组织，以减损权益或者增加义务的方式予以惩戒的行为。

依据:《中华人民共和国行政处罚法》第二条

◆ 4. 什么是行政强制？具体内容是什么?

答:《中华人民共和国行政强制法》中所称行政强制包括行政强制措施和行政强制执行。

行政强制措施，是指行政机关在行政管理过程中，为制止违法行为、防止证据损毁、避免危害发生、控制危险扩大等情形，依法对公民的人身自由实施暂时性限制，或者对公民、法人或者其他组织的财物实施暂时性控制的行为。

行政强制执行，是指行政机关或者行政机关申请人民法院，对不履行行政决定的公民、法人或者其他组织，依法强制履行义务的行为。

行政强制的主体必须是行政机关或法律、法规授权的组织。行政强制属于具体行政行为。行政强制属单方行政行为，由行政主体单方面作出，无需行政相对人同意。但行政相对人不服行政强制的，可以依法申请行政复议或者向人民法院提起诉讼。

依据：《中华人民共和国行政强制法》第二条、第八条、第十七条

◆ 5．什么是行政检查行为？

答：行政检查是指行政机关及其工作人员依法对公民、法人或者其他组织执行法律、法规和规章以及其他有关行政决定、命令等情况进行检查和了解的具体行政行为。行政机关发现公民、法人或者其他组织有依法应当给予行政处罚的行为的，必须全面、客观、公正地调查，收集有关证据；必要时，依照法律、法规的规定，可以进行检查。

行政检查是一种单方的、强制性的、依职权的具体行政行为，不直接处理和改变公民、法人或者其他组织的权利和义务，是行政主体确认事实和收集证据的一个过程。

依据：《中华人民共和国行政处罚法》第五十四条

◆ 6．什么是行政处罚"一事不两罚"原则？

答：对当事人的同一个违法行为，不得给予两次以上罚款的行政处罚。同一个违法行为违反多个法

律规范应当给予罚款处罚的，按照罚款数额高的规定处罚。

依据：《中华人民共和国行政处罚法》第二十九条

◆ 7. 什么是行政处罚"公正、公开"原则?

答：行政处罚遵循公正、公开的原则。

设定和实施行政处罚必须以事实为依据，与违法行为的事实、性质、情节以及社会危害程度相当。

对违法行为给予行政处罚的规定必须公布；未经公布的，不得作为行政处罚的依据。

依据：《中华人民共和国行政处罚法》第五条

◆ 8. 什么是行政处罚"处罚与教育结合"原则?

答：实施行政处罚，纠正违法行为，应当坚持处罚与教育相结合，教育公民、法人或者其他组织自觉守法。

依据：《中华人民共和国行政处罚法》第六条

◆ 9. 行政处罚的种类有哪些?

答：行政处罚的种类：

（一）警告、通报批评；

（二）罚款、没收违法所得、没收非法财物；

（三）暂扣许可证件、降低资质等级、吊销许可证件；

（四）限制开展生产经营活动、责令停产停业、责令关闭、限制从业；

（五）行政拘留；

（六）法律、行政法规规定的其他行政处罚。

注：撤回、注销、取缔、收取滞纳金、责令限期改正等不属于行政处罚。

依据：《中华人民共和国行政处罚法》第九条

◆ 10．行政处罚能否代替刑事处罚？

答：违法行为构成犯罪，应当依法追究刑事责任的，不得以行政处罚代替刑事处罚。

依据：《中华人民共和国行政处罚法》第八条

◆ 11．违法行为有效追诉期为多长？

答：违法行为在二年内未被发现的，不再给予行政处罚；涉及公民生命健康安全、金融安全且有危害后果的，上述期限延长至五年。法律另有规定的除外。

前款规定的期限，从违法行为发生之日起计算；违法行为有连续或者继续状态的，从行为终了之日起计算。

依据：《中华人民共和国行政处罚法》第三十六条

◆ 12. 行政执法案件中当事人权利和义务有哪些?

答: 行政机关在作出行政处罚决定之前,应当告知当事人拟作出的行政处罚内容及事实、理由、依据,并告知当事人依法享有的陈述、申辩、要求听证等权利。

当事人有权进行陈述和申辩。行政机关必须充分听取当事人的意见,对当事人提出的事实、理由和证据,应当进行复核;当事人提出的事实、理由或者证据成立的,行政机关应当采纳。

行政机关不得因当事人陈述、申辩而给予更重的处罚。

依据:《中华人民共和国行政处罚法》第四十四条、第四十五条

◆ 13. 什么样的情形会被认定行政处罚无效?

答: 行政处罚没有依据或者实施主体不具有行政主体资格的,行政处罚无效。违反法定程序构成重大且明显违法的,行政处罚无效。

依据:《中华人民共和国行政处罚法》第三十八条

◆ 14．什么是简易程序、一般程序？

答：（1）简易程序：违法事实确凿并有法定依据，对公民处以二百元以下、对法人或者其他组织处以三千元以下罚款或者警告的行政处罚的，可以当场作出行政处罚决定。法律另有规定的，从其规定。

（2）一般程序：除《中华人民共和国行政处罚法》第五十一条规定的可以当场作出的行政处罚外，行政机关发现公民、法人或者其他组织有依法应当给予行政处罚的行为的，必须全面、客观、公正地调查，收集有关证据；必要时，依照法律、法规的规定，可以进行检查。符合立案标准的，行政机关应当及时立案。

依据：《中华人民共和国行政处罚法》第五十一条、第五十四条

◆ 15．电力执法人员进行行政检查时有哪些权力？

答：电力监督检查人员进行监督检查时，有权向电力企业或者用户了解有关执行中华人民共和国电力法律、行政法规的情况，查阅有关资料，并有权进入现场进行检查。

电力企业和用户对执行监督检查任务的电力监督检查人员应当提供方便，如实回答询问，并协助调查或者

检查，不得拒绝或者阻挠。

电力监督检查人员进行监督检查时，应当出示证件。执法人员不出示执法证件的，当事人或者有关人员有权拒绝接受调查或者检查。

依据：《中华人民共和国电力法》第五十八条;《中华人民共和国行政处罚法》第五十五条

◆ 16．对行政执法辅助人员有何要求?

答：行政执法机关可以根据工作需要，配置一定数量的行政执法辅助人员。行政执法辅助人员应当经所属行政执法机关考试考核合格，并向社会公示后方可从事行政执法辅助工作。

行政执法机关应当定期组织行政执法人员和行政执法辅助人员参加业务培训，学习法律法规和业务知识，提高行政执法水平。

依据：《福建省行政执法条例》第二十四条、第二十五条

◆ 17．行政执法辅助人员能否进行行政执法?

答：行政执法辅助人员不得从事行政执法。在行政执法机关及其行政执法人员的指挥和监督下，行政执法

辅助人员可以从事劝阻、宣传、信息收集、后勤保障、接受申请、送达文书等辅助性事务。

依据：《福建省行政执法条例》第二十四条

第三章

行政执法主体部分

◆ 1．电力执法办公室具备执法主体资格吗？

答：行政执法机关是行政执法主体，具体指的是依法行使行政执法职权的地方各级人民政府及其工作部门和法律、法规授予行政执法职权的具有管理公共事务职能的组织。如果市、县两级电力执法机构属于属地政府电力主管部门的内设机构，不在属地人民政府确认公布的执法主体名单中，则不具备执法主体资格。

◆ 2．行政处罚由谁实施？有何要求？

答：行政处罚应当由具有行政执法资格的执法人员实施。执法人员不得少于两人，法律另有规定的除外。执法人员应当文明执法，尊重和保护当事人合法权益。执法人员与案件有直接利害关系或者有其他关系可能影响公正执法的，应当回避。

依据：《中华人民共和国行政处罚法》第四十二条、第四十三条

◆ 3．行政处罚的管辖有哪些规定？

答：行政处罚由违法行为发生地的县级以上地方人民政府具有行政处罚权的行政机关管辖。法律、行政法规、部门规章另有规定的，从其规定。

两个以上行政机关都有管辖权的，由最先立案的行政机关管辖。对管辖发生争议的，应当协商解决，协商不成的，报请共同的上一级行政机关指定管辖；也可以直接由共同的上一级行政机关指定管辖。

省、自治区、直辖市根据当地实际情况，可以决定将基层管理迫切需要的县级人民政府部门的行政处罚权交由能够有效承接的乡镇人民政府、街道办事处行使，并定期组织评估。决定应当公布。

依据：《中华人民共和国行政处罚法》第二十二条、第二十三条、第二十四条、第二十五条

◆4．哪些机关可以行使限制人身自由的行政处罚权？

答：限制人身自由的行政处罚权只能由公安机关和法律规定的其他机关行使。

依据：《中华人民共和国行政处罚法》第十八条

◆5．对行政复议的主体有哪些规定？

答：对县级以上地方各级人民政府工作部门的具体行政行为不服的，由申请人选择，可以向该部门的本级人民政府申请行政复议，也可以向上一级主管部门申请

行政复议。

对海关、金融、国税、外汇管理等实行垂直领导的行政机关和国家安全机关的具体行政行为不服的，向上一级主管部门申请行政复议。

依据：《中华人民共和国行政复议法》第十二条

◆ 6．电力行政主管部门开展用电检查有何法律依据？

答：《中华人民共和国电力法》第五十六条规定：电力管理部门依法对电力企业和用户执行电力法律、行政法规的情况进行监督检查。

《福建省电力设施建设保护和供用电秩序维护条例》第四十九条规定：县级以上地方人民政府电力行政主管部门应当加强执法队伍建设，对电力设施保护和供用电秩序维护进行监督检查，依法查处违法行为。

根据以上法律条款规定，电力行政主管部门可以依法对用电行为开展行政检查工作。

依据：《中华人民共和国电力法》第五十六条；《福建省电力设施建设保护和供用电秩序维护条例》第四十九条

◆ 7．电力行政主管部门能否查处窃电案件？

答：《中华人民共和国电力法》第六条规定：县级以上地方人民政府经济综合主管部门是本行政区域内的电力管理部门，负责电力事业的监督管理。县级以上地方人民政府有关部门在各自的职责范围内负责电力事业的监督管理。

《福建省电力设施建设保护和供用电秩序维护条例》第四条规定：县级以上地方人民政府经济和信息化行政主管部门（以下统称电力行政主管部门）负责电力设施保护和供用电秩序维护的监督管理工作，加强电力行政执法工作；第四十九条规定：县级以上地方人民政府电力行政主管部门应当加强执法队伍建设，对电力设施保护和供用电秩序维护进行监督检查，依法查处违法行为。

根据以上法律条款规定，电力行政主管部门可以依法开展查处窃电等维护供用电秩序的执法工作。

依据：《中华人民共和国电力法》第六条；《福建省电力设施建设保护和供用电秩序维护条例》第四条、第四十九条

第四章 ◀◀◀

证据事实部分

◆ 1. 哪些材料可以作为证据？有何要求？

答：证据包括：

（一）书证；

（二）物证；

（三）视听资料；

（四）电子数据；

（五）证人证言；

（六）当事人的陈述；

（七）鉴定意见；

（八）勘验笔录、现场笔录。

证据必须经查证属实，方可作为认定案件事实的根据。以非法手段取得的证据，不得作为认定案件事实的根据。

依据：《中华人民共和国行政处罚法》第四十六条

◆ 2. 哪些材料不能作为认定案件事实的证据？

答：下列材料不得作为行政执法决定的依据：

（一）严重违反法定程序收集的证据材料；

（二）以偷拍、偷录、窃听等手段获取侵害他人合法权益的证据材料；

（三）以利诱、欺诈、胁迫、暴力等不正当手段获取的证据材料；

（四）当事人无正当事由超出举证期限提供的证据材料；

（五）在中华人民共和国领域以外或者在中华人民共和国香港特别行政区、澳门特别行政区和台湾地区形成的未办理法定证明手续的证据材料；

（六）当事人无正当理由拒不提供原件、原物，又无其他证据印证，且对方当事人不予认可的证据的复制件或者复制品；

（七）被当事人或者他人进行技术处理而无法辨明真伪的证据材料；

（八）不能正确表达意志的证人提供的证言；

（九）不具备合法性和真实性的其他证据材料。

依据：《最高人民法院关于行政诉讼证据若干问题的规定》第五十七条

◆ 3．行政执法全过程记录指的是什么？

答：行政机关应当依法以文字、音像等形式，对行政处罚的启动、调查取证、审核、决定、送达、执行等进行全过程记录，归档保存。

依据：《中华人民共和国行政处罚法》第四十七条

◆ 4．执法文书上违法行为应如何记录？

答： 执法文书上应清楚记载违法行为发生的时间、地点，违法行为的内容、情节、性质和危害后果等（构成要素"七何"：何事、何时、何地、何情、何故、何物、何人）。

◆ 5．如何认定是否属于违法行为？

答： 当事人的行为属于依法应当给予行政处罚的行为，且有经公布的处罚依据和充分的事实证据，则该行为属于违法行为。

依据： 《中华人民共和国行政处罚法》第五条、第五十七条

◆ 6．收集的复印件、影印件、抄录本应如何固化证据？

答： 收集的复印件、影印件、抄录本上应有证据提供人标明"经核对与原件无误"，注明出证日期、证据出处，并签名盖章。

◆ 7．做现场检查（勘验）笔录时应注意什么？

答：（1）现场检查（勘验）笔录的内容应规范。

（2）检查情况应客观、真实、准确；办案人员、当事人应签名、盖章或以其他方式确认。

（3）当事人拒绝签名应注明原因。

◆ 8. 行政执法主体调查收集证据的要求有哪些?

答：（1）全面收集证据。要尽可能全面地收集与案件有关的证据材料，凡是对案件处理有意义的材料都要收集。

（2）客观地收集证据。收集证据要做到实事求是，要尽可能收集原始证据。对现有的证据材料不能加以夸张或缩小。不能按照主观设想的框框收集证据，更不能弄虚作假、制造假证据。

（3）公正地收集证据。不能为了实施处罚有选择地收集证实被调查人违法或违法情节严重的证据。也不能为了偏袒被调查人而故意收集证实被调查人不构成违法或违法情节较轻的证据。

（4）及时地收集证据。调查取证要做到三及时：及时立案、及时调查、及时制作相关笔录。

◆ 9. 哪些行为属于窃电行为?

答：禁止窃电行为。窃电行为包括：

（一）在供电企业的供电设施上，擅自接线用电；

（二）绕越供电企业的用电计量装置用电；

（三）伪造或者开启法定的或者授权的计量检定机构加封的用电计量装置封印用电；

（四）故意损坏供电企业用电计量装置；

（五）故意使供电企业的用电计量装置计量不准或者失效；

（六）采用其他方法窃电。

依据：《电力供应与使用条例》第三十一条

第五章 ◀◀◀
行政执法程序部分

◆1. 如何适用简易程序当场作出行政处罚决定?

答:执法人员当场作出行政处罚决定的,应当向当事人出示执法证件,填写预定格式、编有号码的行政处罚决定书,行政处罚决定书应当载明当事人的违法行为,行政处罚的种类和依据、罚款数额、时间、地点,申请行政复议、提起行政诉讼的途径和期限以及行政机关名称,并由执法人员签名或者盖章,并当场交付当事人。当事人拒绝签收的,应当在行政处罚决定书上注明。

执法人员当场作出的行政处罚决定,应当报所属行政机关备案。

依据:《中华人民共和国行政处罚法》第五十二条

◆2. 行政案件调查或检查过程应注意哪些事项?

答:执法人员在调查或者进行检查时,应当主动向当事人或者有关人员出示执法证件。询问或者检查应当制作笔录。

依据:《中华人民共和国行政处罚法》第五十五条

◆3. 行政案件中的当事人依法享有哪些权利和义务?

答:当事人或者有关人员有权要求执法人员出示执

法证件。执法人员不出示执法证件的，当事人或者有关人员有权拒绝接受调查或者检查。

当事人或者有关人员应当如实回答询问，并协助调查或者检查，不得拒绝或者阻挠。

依据：《中华人民共和国行政处罚法》第五十五条

◆ 4．案件当事人拒绝接受询问调查该如何处理？

答：《中华人民共和国行政处罚法》第五十五条中规定的：当事人或者有关人员应当如实回答询问，并协助调查或者检查，不得阻挠。实际中当事人往往为了逃避处罚而不接受调查询问或不如实回答，但这并不影响行政处罚的实施。

首先，询问笔录不是行政执法的必要条件，不是没有笔录就不能实施行政处罚。笔录这类证据的证明力相较于书证、物证、视听资料等要弱得多，所以，只要证据全面，收集程序合法，形成证据链，没有笔录的案件也可以办理。

其次，询问通知书可以多次制发。可以多次重复制发询问通知书，目的是防止当事人以未收到等各种理由狡辩，也可以为锁定"拒绝配合行政执法"提供佐证。

第三，后果告知，争取配合。事实证据清楚的，告知自由裁量时将根据其主动配合情况考虑处罚的幅度，政策攻心，争取配合。

最后，执法人员可直接去当事人所在单位做询问笔录。有可能做了笔录仍旧不签字，也有可能仍旧拒绝做笔录，此时执法记录仪等视频采集设备应发挥作用，这些可作为视听资料类证据，证明其拒绝、阻碍执法的行为。

依据：《中华人民共和国行政处罚法》第五十五条

◆ **5. 行政执法机关调查可以采取哪些措施？**

答：行政执法机关根据调查需要，可以采取以下措施：

（一）书面通知有关公民、法人和其他组织对调查事项作出解释和说明；

（二）要求公民、法人和其他组织提供与调查事项有关的文件、资料，并进行复制；

（三）对有关公民、法人和其他组织的工作场所、经营场所等进行现场勘验、检查；

（四）勘验检查时，对现场测量、拍照、录音、录像、抽取样品、询问在场人；

（五）自行或者委托法定鉴定、检验机构对有关事实进行鉴定、检验；

（六）法律、法规、规章规定的其他调查措施。

依据：《福建省行政执法条例》第五十五条

◆ 6．被检查人员拒不配合，该如何处理？

答：有拒绝、阻碍电力监督检查人员依法执行职务行为，应当给予治安管理处罚的，由公安机关依照《中华人民共和国治安管理处罚法》的有关规定予以处罚；构成犯罪的，依法追究刑事责任。

有阻碍国家机关工作人员依法执行职务行为的，处警告或者二百元以下罚款；情节严重的，处五日以上十日以下拘留，可以并处五百元以下罚款。阻碍人民警察依法执行职务的，从重处罚。

依据：《中华人民共和国电力法》第七十条；《中华人民共和国治安管理处罚法》第五十条

◆ 7．什么情形可以书面请求相关行政执法机关协助？

答：行政机关因实施行政处罚的需要，可以向有关机关提出协助请求。协助事项属于被请求机关职权范围内的，应当依法予以协助。

有下列情形之一的，行政执法机关可以书面请求相关行政执法机关协助：

（一）单独行使行政执法权不能实现行政管理目的的；

（二）不能通过自行调查取得所需资料的；

（三）所需要的文书、资料、信息为其他行政执法机关所掌握，难以自行收集的；

（四）需要请求行政执法协助的其他情形。

行政机关因实施行政处罚的需要，可以向有关机关提出协助请求。协助事项属于被请求机关职权范围内的，应当依法予以协助。

依据：《中华人民共和国行政处罚法》第二十六条；《福建省行政执法条例》第二十二条

◆ 8．如何请求相关行政执法机关协助？

答：实施行政执法协助的，请求机关应当向协助机关发出《行政执法协助函》。遇突发事件或者不可抗力等紧急情况，请求机关可以口头告知需要协助的事项和要求，并在紧急情况消失后的三个工作日内补办《行政执法协助函》。

被请求协助的行政执法机关应当履行协助义务，不能提供协助的，应当及时以书面形式告知请求机关并说明理由。

依据：《福建省行政执法条例》第二十二条

◆ 9. 行政执法回避有哪些要求？

答：执法人员与案件有直接利害关系或者有其他关系可能影响公正执法的，应当回避。当事人认为执法人员与案件有直接利害关系或者有其他关系可能影响公正执法的，有权申请回避。当事人提出回避申请的，行政机关应当依法审查，由行政机关负责人决定。决定作出之前，不停止调查。

行政执法人员有下列情形之一的，应当自行申请回避；行政执法人员未申请回避的，行政执法机关应当责令其回避；当事人也可以申请其回避：

（一）是当事人或者当事人的近亲属；

（二）行政执法事项与行政执法人员或者其近亲属有利害关系；

（三）可能影响公正执法的其他情形。

依据：《中华人民共和国行政处罚法》第四十三条；《福建省行政执法条例》第二十七条

◆ 10．行政执法人员的回避如何执行？

答：当事人应当在调查取证前口头或者书面提出回避申请。行政执法机关应当在收到回避申请之日起三个工作日内作出是否回避的决定，并告知当事人；决定不予回避的，应当说明理由。

行政执法人员的回避由行政执法机关分管负责人决定；行政执法机关分管负责人的回避由该行政执法机关负责人集体讨论决定；行政执法机关主要负责人的回避由本系统上一级行政执法机关决定。

对行政执法人员是否回避作出决定前，行政执法人员不能停止执法工作。

依据：《福建省行政执法条例》第二十七条

◆ 11．作出行政处罚决定前应当告知当事人哪些事项？

答：行政机关在作出行政处罚决定之前，应当告知当事人拟作出的行政处罚的事实、理由、依据和拟处罚的种类、罚款数额等内容，并明确告知当事人依法享有的陈述、申辩、要求听证等权利和期限。

依据：《中华人民共和国行政处罚法》第四十四条

◆ 12. 什么情况下行政处罚需要集体讨论决定?

答:对情节复杂或者重大违法行为给予行政处罚,行政机关负责人应当集体讨论决定。

依据:《中华人民共和国行政处罚法》第五十七条

◆ 13. 哪些情形应当组织听证?

答:行政机关拟作出下列行政处罚决定,应当告知当事人有要求听证的权利,当事人要求听证的,行政机关应当组织听证:

(一)较大数额罚款;

(二)没收较大数额违法所得、没收较大价值非法财物;

(三)降低资质等级、吊销许可证件;

(四)责令停产停业、责令关闭、限制从业;

(五)其他较重的行政处罚;

(六)法律、法规、规章规定的其他情形。

依据:《中华人民共和国行政处罚法》第六十三条

◆ 14. 听证程序有哪些要求?

答:听证应当依照以下程序组织:

(一)当事人要求听证的,应当在行政机关告知后五日内提出；

（二）行政机关应当在举行听证的七日前，通知当事人及有关人员听证的时间、地点；

（三）除涉及国家秘密、商业秘密或者个人隐私依法予以保密外，听证公开举行；

（四）听证由行政机关指定的非本案调查人员主持；当事人认为主持人与本案有直接利害关系的，有权申请回避；

（五）当事人可以亲自参加听证，也可以委托一至二人代理；

（六）当事人及其代理人无正当理由拒不出席听证或者未经许可中途退出听证的，视为放弃听证权利，行政机关终止听证；

（七）举行听证时，调查人员提出当事人违法的事实、证据和行政处罚建议，当事人进行申辩和质证；

（八）听证应当制作笔录。笔录应当交当事人或者其代理人核对无误后签字或者盖章。当事人或者其代理人拒绝签字或者盖章的，由听证主持人在笔录中注明。

当事人不承担行政机关组织听证的费用。

依据：《中华人民共和国行政处罚法》第六十三条、第六十四条

◆ 15．调查终结如何根据不同情况作出不同的决定？

答：调查终结，行政机关负责人应当对调查结果进行审查，根据不同情况，分别作出如下决定：

（一）确有应受行政处罚的违法行为的，根据情节轻重及具体情况，作出行政处罚决定；

（二）违法行为轻微，依法可以不予行政处罚的，不予行政处罚；

（三）违法事实不能成立的，不予行政处罚；

违法行为涉嫌犯罪的，移送司法机关。

（四）对情节复杂或者重大违法行为给予行政处罚，行政机关负责人应当集体讨论决定。

依据：《中华人民共和国行政处罚法》第五十七条

◆ 16．联合执法作出的决定应符合哪些规定？

答：县级以上行政执法机关根据行政执法需要，可以组织相关行政执法机关联合执法。联合执法中的行政执法决定按照下列规定作出，并由作出机关承担相应的法律责任：

（一）不同行政执法系统之间的联合执法，由参加联合执法的行政执法机关在各自的职权范围内依法分别作出；

（二）同一行政执法系统内的联合执法，可以以上级行政执法机关的名义依法作出，也可以在各自的职权范围内依法分别作出。

依据：《福建省行政执法条例》第二十一条

◆ 17．实施行政处罚时当事人的违法所得如何处理？

答：行政机关实施行政处罚时，应当责令当事人改正或者限期改正违法行为。当事人有违法所得，除依法应当退赔的外，应当予以没收。违法所得是指实施违法行为所取得的款项。法律、行政法规、部门规章对违法所得的计算另有规定的，从其规定。

依据：《中华人民共和国行政处罚法》第二十八条

◆ 18．行政处罚决定书应当载明哪些内容？

答：行政处罚决定书应当载明下列事项：

（一）当事人的姓名或者名称、地址；

（二）违反法律、法规、规章的事实和证据；

（三）行政处罚的种类和依据；

（四）行政处罚的履行方式和期限；

（五）申请行政复议、提起行政诉讼的途径和期限；

（六）作出行政处罚决定的行政机关名称和作出决定的日期。

行政处罚决定书必须盖有作出行政处罚决定的行政机关的印章。

依据:《中华人民共和国行政处罚法》第五十九条

◆ 19. 行政处罚决定书应几天内送达当事人?

答: 行政处罚决定书应当在宣告后当场交付当事人;当事人不在场的,行政机关应当在七日内依照《中华人民共和国民事诉讼法》的有关规定,将行政处罚决定书送达当事人。

当事人同意并签订确认书的,行政机关可以采用传真、电子邮件等方式,将行政处罚决定书等送达当事人。

依据:《中华人民共和国行政处罚法》第六十一条

◆ 20. 送达的方式都有哪些?

答:（1）直接送达。直接送达又称交付送达,是指执法机关派专人将诉讼文书直接交付给受送达人签收的送达方式。一般情况下,受送达人是公民的,由该公民直接签收。该公民不在时可交由与其同住的成年家属签收。受送达人是法人的交由其法定代表人或者该法人负责收件的人签收；受送达人是其他组织的交由其主要负责人或者该组织负责收件的人；受送达人有诉讼代理人的，可以送交其代理人签收；受送达人已向人民法院指定代收人的，送交代收人签收。受送达人的同住成年家属，法人或者其他组织的负责收件的人在送达回证上签收的日期为送达日期。

（2）留置送达。是指受送达人无理拒收诉讼文书时，送达人依法将诉讼文书放置在受送达人的住所并产生送达的法律效力的送达方式。受送达人或者他的同住成年家属拒绝接收诉讼文书的，送达人可以邀请有关基层组织或者所在单位的代表到场，说明情况，在送达回证上记明拒收事由和日期，由送达人、见证人签名或者盖章，把诉讼文书留在受送达人的住所；也可以把诉讼文书留在受送达人的住所，并采用拍照、录像等方式记录送达过程，即视为送达。文书留在该地址之日为送达之日。

（3）委托送达。是指承办执法机关直接送达诉讼文书有困难时，依法委托其他执法机关代为送达。委托送达与直接送达具有同等法律效力。委托送达应当出具委托函，并附相关的文书和送达回证。受送达人在送达回证上签收的日期为送达日期。

（4）邮寄送达。是指执法机关将所送达的文书通过邮局并用挂号信寄给受送达人的方式，要采取特快专递的方式，并将挂号函件收据入卷存档。采用邮寄送达通常是受送达人住地离执法机关路途较远，直接送达有困难时所采用的一种送达方式。邮寄送达的，以回执上注明的收件日期为送达日期。

（5）转交送达。是指执法机关将诉讼文书送交受送达人所在单位代收，然后转交给受送达人的送达方式。转交送达有以下两种情况：

1）受送人是军人的，通过其所在部队团以上单位的政治机关转交。

2）受送达人被监禁的，通过其所在监所转交。受送达人被采取强制性教育措施的，通过其所在强制性教育机构转交。

代为转交的机关、单位收到诉讼文书后，必须立即交受送达人签收，以在送达回证上的签收日期，为送达日期。

（6）电子送达。是指执法机关利用传真、电子邮件、移动通信等现代化电子手段进行的送达。采用电子送达方式应依照下列条件和程序进行：

1）必须经受送达人同意，不得在未经受送达人同意的情况下依照职权采用此送达方式送达。受送达人同意采用电子方式送达的，应当在送达地址确认书中予以确认。

2）电子送达方式只适用于对判决书、裁定书、调解书以外的诉讼文书的送达。

3）电子送达的具体手段包括传真、电子邮件、移动通信等及时收悉的能够确认受送达人可以收悉的方式。

采用电子送达的，送达日期以传真、电子邮件、移动通信等到达受送达人特定系统的日期为送达日期。

注：采用传真、电子邮件方式送达的，送达人员应记录传真发送和接收号码、电子邮件发送和接收邮箱、发送时间、送达诉讼文书名称，并打印传真发送确认单、电子邮件发送成功网页，存卷备查；采用短信、微信等方式送达的，送达人员应记录收发手机号码、发送时间、送达诉讼文书名称，并将短信、微信等送达内容拍摄照片，存卷备查。

（7）公告送达。是指在受送达人下落不明，或者以其他方式无法送达的情况下，发出公告，公告发出后经过一定的时间即视为送达的方式。只有在受送达人下落不明，或者用《中华人民共和国民事诉讼法》第七章规定的其他方式无法送达的，才能适用公告送达。

公告送达的前提条件是受送达人下落不明，或者受送达人有音讯，但行踪不定，没有通信地址，无法联系，采用其他方式均无法送达。公告送达的受送达人不包括军人、被监禁或被采取强制性教育措施的人，因为对这些人可以委托有关机关、单位转交送达诉讼文书、法律文书。

公告可以在专设的公告栏、受送达人原住所地张贴，也可以在报纸、信息网络等媒体上刊登。发出公告日期以最后张贴或刊登的日期为准。执法机关在受送达人住所地张贴公告的，应当采取拍照、录像等方式记录张贴过程。

自发出公告之日起，经过六十日，即视为送达。公告送达应将公告文书归档入卷，应当在案卷中记明原因和经过。

依据:《中华人民共和国行政处罚法》第六十一条;《中华人民共和国民事诉讼法》第八十五条至第九十二条;最高人民法院《关于进一步加强民事送达工作的若干意见》

◆ 21. 行政处罚案件办理期限有何规定?

答: 行政机关应当自行政处罚案件立案之日起九十

日内作出行政处罚决定。法律、法规、规章另有规定的，从其规定。

依据：《中华人民共和国行政处罚法》第六十条

◆ 22．哪些情形可以现场收缴罚款，有何规定？

答：有下列情形之一，执法人员可以当场收缴罚款：

（一）依法给予一百元以下罚款的；

（二）不当场收缴事后难以执行的。

在边远、水上、交通不便地区，行政机关及其执法人员依照规定作出罚款决定后，当事人到指定的银行或者通过电子支付系统缴纳罚款确有困难，经当事人提出，行政机关及其执法人员可以当场收缴罚款。

行政机关及其执法人员当场收缴罚款的，必须向当事人出具国务院财政部门或者省、自治区、直辖市人民政府财政部门统一制发的专用票据；不出具财政部门统一制发的专用票据的，当事人有权拒绝缴纳罚款。

执法人员当场收缴的罚款，应当自收缴罚款之日起二日内，交至行政机关；在水上当场收缴的罚款，应当自抵岸之日起二日内交至行政机关；行政机关应当在二日内将罚款缴付指定的银行。

依据：《中华人民共和国行政处罚法》第六十八条至

第七十一条

◆ 23．行政复议的有效期是多长？

答：公民、法人或者其他组织认为具体行政行为侵犯其合法权益的，可以自知道该具体行政行为之日起六十日内提出行政复议申请；但是法律规定的申请期限超过六十日的除外。

因不可抗力或者其他正当理由耽误法定申请期限的，申请期限自障碍消除之日起继续计算。

依据：《中华人民共和国行政复议法》第九条

◆ 24．已办理完毕的行政执法案件，案件材料如何处理？

答：行政执法机关应当根据档案管理有关规定建立行政执法案卷，将办理完毕的行政执法事项的调查记录、证据、文书和审核签批等材料，以及记录行政执法过程的声像和电子信息等资料，及时归档保存。

依据：《福建省行政执法条例》第三十六条

◆ 25．涉嫌犯罪的案件如何移交公安机关？

答：行政执法机关对应当向公安机关移送的涉嫌犯

罪案件，应当立即指定2名或者2名以上行政执法人员组成专案组专门负责，核实情况后提出移送涉嫌犯罪案件的书面报告，报经本机关正职负责人或者主持工作的负责人审批。

行政执法机关正职负责人或者主持工作的负责人应当自接到报告之日起3日内作出批准移送或者不批准移送的决定。决定批准的，应当在24小时内向同级公安机关移送；决定不批准的，应当将不予批准的理由记录在案。

行政执法机关向公安机关移送涉嫌犯罪案件，应当附有下列材料：

（一）涉嫌犯罪案件移送书；

（二）涉嫌犯罪案件情况的调查报告；

（三）涉案物品清单；

（四）有关检验报告或者鉴定结论；

（五）其他有关涉嫌犯罪的材料。

公安机关对行政执法机关移送的涉嫌犯罪案件，应当在涉嫌犯罪案件移送书的回执上签字；其中，不属于本机关管辖的，应当在24小时内转送有管辖权的机关，并书面告知移送案件的行政执法机关。

依据：《行政执法机关移送涉嫌犯罪案件的规定》第五至七条

◆ 26. 案件移交公安机关，公安机关作出立案决定后怎样执行？

答： 行政执法机关对公安机关决定立案的案件，应当自接到立案通知书之日起3日内将涉案物品以及与案件有关的其他材料移交公安机关，并办结交接手续；法律、行政法规另有规定的，依照其规定。

行政执法机关对应当向公安机关移送的涉嫌犯罪案件，不得以行政处罚代替移送。行政执法机关向公安机关移送涉嫌犯罪案件前已经作出的警告，责令停产停业，暂扣或者吊销许可证、暂扣或者吊销执照的行政处罚决定，不停止执行。依照《中华人民共和国行政处罚法》的规定，行政执法机关向公安机关移送涉嫌犯罪案件前，已经依法给予当事人罚款的，人民法院判处罚金时，依法折抵相应罚金。

依据：《行政执法机关移送涉嫌犯罪案件的规定》第十一条、第十二条

◆ 27. 案件移交公安机关，公安机关不予立案后怎样执行？

行政执法机关接到公安机关不予立案的通知书后，认为依法应当由公安机关决定立案的，可以自接到不予

立案通知书之日起3日内，提请作出不予立案决定的公安机关复议，也可以建议人民检察院依法进行立案监督。

作出不予立案决定的公安机关应当自收到行政执法机关提请复议的文件之日起3日内作出立案或者不予立案的决定，并书面通知移送案件的行政执法机关。移送案件的行政执法机关对公安机关不予立案的复议决定仍有异议的，应当自收到复议决定通知书之日起3日内建议人民检察院依法进行立案监督。

公安机关应当接受人民检察院依法进行的立案监督。

行政执法机关对公安机关决定不予立案的案件，应当依法作出处理；其中，依照有关法律、法规或者规章的规定应当给予行政处罚的，应当依法实施行政处罚。

依据:《行政执法机关移送涉嫌犯罪案件的规定》第九条、第十条

◆ 28. 实施行政检查应注意哪些事项?

答:（1）检查的内容必须合法，不得超越与本案无关的内容，必须注意检查行为的合理性，不得把检查变为搜查。

（2）被审查人提供的资料需要鉴定的，检查人员要提交有鉴定资格的机关或组织进行鉴定，并出具鉴定书。

（3）对企业进行经济检查，还要事先拟订检查计划，报有关机关备案，并尽量避免多头检查。

（4）除有规定的外，检查不得多次重复进行。

（5）对女性的身体检查，应由女工作人员进行，并不得当众检查。

（6）对公民、法人的银行账户或储蓄情况的检查，要办理一定的法律手续，并出具介绍信。

◆ 29．行政检查结束时应当告知被检查人哪些事项？

答：行政检查结束时，行政执法人员应当将行政检查的结果当场告知被检查人；需要等待检验、检测、检疫结果的，应当在收到检验、检测、检疫结果之日起三个工作日内告知被检查人。被检查人对行政检查结果有异议的，可以依法向行政执法机关申请复核。

直接关系人身健康、生命财产安全以及直接涉及公共安全、生态环境保护、自然资源开发利用等领域的行政检查结果，依法向社会公布。

依据：《福建省行政执法条例》第四十二条

▶▶▶ 第六章

行政执法"三项制度"

◆ 1. 行政执法"三项制度"具体指什么?

答：行政执法公示制度、执法全过程记录制度、重大执法决定法制审核制度。

依据:《国务院办公厅关于全面推行行政执法公示制度执法全过程记录制度重大执法决定法制审核制度的指导意见》

◆ 2. 行政执法公示制度信息公示分为哪几个阶段?

答：行政执法公示是保障行政相对人和社会公众知情权、参与权、表达权、监督权的重要措施。行政执法机关要按照"谁执法谁公示"的原则，强化事前公开，规范事中公示，加强事后公开。

（1）强化事前公开。行政执法机关要统筹推进行政执法事前公开与政府信息公开、权责清单公布、"双随机、一公开"监管等工作。全面准确及时主动公开行政执法主体、人员、职责、权限、依据、程序、救济渠道和随机抽查事项清单等信息。根据有关法律法规，结合自身职权职责，编制并公开本机关的服务指南、执法流程图，明确执法事项名称、受理机构、审批机构、受理条件、办理时限等内容。公开的信息要简明扼要、通俗易懂，并及时根据法律法规及机构职能变化情况进行动态调整。

（2）规范事中公示。行政执法人员在进行监督检查、调查取证、采取强制措施和强制执行、送达执法文书等执法活动时，必须主动出示执法证件，向当事人和相关人员表明身份，鼓励采取佩戴执法证件的方式，执法全程公示执法身份；要出具行政执法文书，主动告知当事人执法事由、执法依据、权利义务等内容。国家规定统一着执法服装、佩戴执法标识的，执法时要按规定着装、佩戴标识。政务服务窗口要设置岗位信息公示牌，明示工作人员岗位职责、申请材料示范文本、办理进度查询、咨询服务、投诉举报等信息。

（3）加强事后公开。行政执法机关要在执法决定作出之日起20个工作日内，向社会公布执法机关、执法对象、执法类别、执法结论等信息，接受社会监督，行政许可、行政处罚的执法决定信息要在执法决定作出之日起7个工作日内公开，但法律、行政法规另有规定的除外。建立健全执法决定信息公开发布、撤销和更新机制。已公开的行政执法决定被依法撤销、确认违法或者要求重新作出的，应当及时从信息公示平台撤下原行政执法决定信息。建立行政执法统计年报制度，地方各级行政执法机关应当于每年1月31日前公开本机关上年度行政执法总体情况有关数据，并报本级人民政府和上级主管部门。

依据：《国务院办公厅关于全面推行行政执法公示制度执法全过程记录制度重大执法决定法制审核制度的指导意见》

◆ 3．行政执法决定的公示有哪些要求？

行政许可、行政处罚、行政强制、行政征收等行政执法决定，行政执法机关应当在作出决定起七个工作日内公开执法机关、执法对象、执法类型、执法内容、执法结论等行政执法结果信息，其中行政征收和准予行政许可的决定应当全文公开。

公开的行政处罚决定被依法变更、撤销、确认违法或者确认无效的，行政机关应当在三日内撤回行政处罚决定信息并公开说明理由。

依据：《福建省行政执法条例》第四十九条；《中华人民共和国行政处罚法》第四十八条

◆ 4．何种情况需要法制审核后方能作出行政处罚决定？

答：有下列情形之一，在行政机关负责人作出行政处罚的决定之前，应当由从事行政处罚决定法制审核的人员进行法制审核；未经法制审核或者审核未通过的，不得作出决定：

（一）涉及重大公共利益的；

（二）直接关系当事人或者第三人重大权益，经过听证程序的；

（三）案件情况疑难复杂、涉及多个法律关系的；

（四）法律、法规规定应当进行法制审核的其他情形。

依据：《中华人民共和国行政处罚法》第五十八条

◆ 5．需要进行法制审核时应当提供哪些材料？

答：行政执法机关拟作出的重大执法决定提交法制审核时，应当提供下列材料：

（一）案件基本情况；

（二）相关证据；

（三）相关依据；

（四）重大执法决定建议意见；

（五）经过听证的提供听证笔录；

（六）其他相关材料。

依据：《福建省行政执法条例》第五十八条

◆ 6．收到法制审核意见后如何处理?

答：行政执法承办机构收到法制审核意见后，应当及时研究，对合法、合理的意见或者建议应当采纳。承办机构不同意法制审核意见的，可以再次向负责审核的法制审核机构申请审核；经再次审核后，承办机构仍不同意法制审核机构审核意见的，应当及时提请行政执法机关负责人研究。

依据：《福建省重大行政执法决定法制审核办法》第九条

◆ 7．在执法活动结束后相应的音像记录如何处理?

答：行政执法人员应当在执法活动结束后及时将音像记录信息移交存储。连续工作、异地工作或者在边远、交通不便地区执法，确实不能及时移交记录信息的，应当在返回本机关后二十四小时内移交存储。

音像记录信息应当按照证据审查与认定要求制作文字说明材料。音像记录信息未经批准，不得复制，任何人不得修改、删除或者损毁。

行政执法过程中因不可抗力未能记录，或者记录信息丢失的，行政执法人员应当在执法行为结束后立即报告，说明并记录有关情况。

依据：《福建省行政执法条例》第五十二条

◆ **8．什么情形应当对行政执法全过程进行录音录像？**

答：对查封、扣押和强制拆除等可能涉及人身自由、生命健康、重大财产权益的现场执法行为，行政执法机关应当对行政执法全过程进行录音录像，准确记录以下内容：

（一）行政执法行为开始和结束的时间；

（二）行政执法人员、当事人等现场人员；

（三）行政执法现场环境及行政执法情况；

（四）涉案场所、设施、设备和财物等；

（五）其他应当记录的内容。

对现场检查、调查取证、证据保全、听证、行政强制、留置送达和公告送达等容易引发争议的行政执法程序，应当逐步实现全过程录音录像。

依据：《福建省行政执法条例》第五十一条

第七章 ◀◀◀

行政处罚裁量标准

◆ 1. 什么样的情形不予行政处罚?

答: 以下情形不予行政处罚:

(1) 不满十四周岁的未成年人有违法行为的, 不予行政处罚, 责令监护人加以管教。

(2) 精神病人、智力残疾人在不能辨认或者不能控制自己行为时有违法行为的, 不予行政处罚, 但应当责令其监护人严加看管和治疗。间歇性精神病人在精神正常时有违法行为的, 应当给予行政处罚。

(3) 违法行为轻微并及时改正, 没有造成危害后果的, 不予行政处罚。

(4) 当事人有证据足以证明没有主观过错的, 不予行政处罚。法律、行政法规另有规定的, 从其规定。

以下情形可以不予行政处罚: 初次违法且危害后果轻微并及时改正的, 可以不予行政处罚。

依据:《中华人民共和国行政处罚法》第三十条、第三十一条、第三十三条

◆ 2. 什么样的情形从轻或减轻行政处罚?

答: 当事人有下列情形之一, 应当从轻或减轻行政处罚:

(1) 已满十四周岁不满十八周岁的未成年人有违法行为的;

（2）主动消除或者减轻违法行为危害后果的；

（3）受他人胁迫或者诱骗实施违法行为的；

（4）主动供述行政机关尚未掌握的违法行为的；

（5）配合行政机关查处违法行为有立功表现的；

（6）法律、法规、规章规定其他应当从轻或者减轻行政处罚的。

以下情形可以从轻或减轻行政处罚：尚未完全丧失辨认或者控制自己行为能力的精神病人、智力残疾人有违法行为的，可以从轻或者减轻行政处罚。

依据：《中华人民共和国行政处罚法》第三十至三十二条

◆ 3. 什么情形应当按最高或是最低处罚幅度实施？

答：同时具有两个或两个以上从轻情节、且不具有从重情节的，应当按最低处罚幅度实施处罚；同时具有两个或两个以上从重情节、且不具有从轻情节的，应当按最高处罚幅度实施处罚；同时具有从重、从轻情节的，应当综合考虑，根据主要情节实施处罚。

依据：《福建省经济和信息化委员会行政处罚自由裁量权适用规则》第十三条

◆ 4．什么样的情形应当从重处罚？

答：当事人有下列情形之一的，应当依法从重处罚：

（一）危及人身健康、生命财产安全或者严重扰乱社会管理秩序、市场经济秩序的；

（二）多次实施违法行为，屡教不改的；

（三）违法情节恶劣，造成严重后果的；

（四）逃避、妨碍或者暴力阻碍执法人员检查的；

（五）转移、隐匿、销毁证据或者有关材料的；

（六）不配合执法人员调查取证，或者故意提供虚假证据的；

（七）不听执法人员劝告或者拒不改正，继续实施违法行为的；

（八）对举报人、证人或者执法人员实施打击报复，查证属实的；

（九）胁迫、诱骗、教唆不满18周岁的人实施违法行为的；

（十）法律、法规、规章规定应当从重行政处罚的其他情形。

依据：《福建省经济和信息化委员会行政处罚自由裁量权适用规则》第十一条

◆ 5．行使自由裁量过程和理由应当如何记录？

答：承办处室及执法人员在行使处罚自由裁量权时，应当充分听取当事人的陈述、申辩，并记录在案。对当事人的申辩意见是否采纳以及处罚决定中有关从重、从轻、减轻处罚以及不予处罚的理由应当在案卷讨论记录和行政处罚决定书中说明理由并收集或者提供相应的证据材料。

依据：《福建省经济和信息化委员会行政处罚自由裁量权适用规则》第十四条

◆ 6．违法行为在新法施行以前，按旧法还是新法处罚？

答：实施行政处罚，适用违法行为发生时的法律、法规、规章的规定。但是，作出行政处罚决定时，法律、法规、规章已被修改或者废止，且新的规定处罚较轻或者不认为是违法的，适用新的规定。

依据：《中华人民共和国行政处罚法》第三十七条

◆ 7．危害电力设施的禁止行为有哪些？如何处罚？

答：禁止实施下列危害电力设施的行为：

（一）扰乱发电厂、变电站等生产区域的生产秩序，

或者移动、损坏发电厂、变电站等场所内用于生产的设施、器材和安全警示标志;

（二）在危及发电设施附属的专用管沟（线）的保护区内，擅自取土、挖沙、采石、打桩、钻探、修坟和进行其他挖掘作业，兴建建筑物、构筑物，倾倒含有化学腐蚀物质的液体和其他废弃物;

（三）在发电厂、热电厂、变电站附近从事焚烧或者堆放易燃易爆物品、漂浮物，搭盖遮盖物等可能危及电力设施安全的;

（四）在火力发电厂的灰坝或者用于水力发电的水库大坝上挖掘取土，兴建建筑物、构筑物或者种植农作物等危害坝体安全的;

（五）损坏、封堵电力专用铁路、公路、桥梁、码头、航道和检修道路;

（六）放飞可能影响电力线路设施安全的升空物体或者在线路周围搭盖可能危及线路运行安全的遮盖物、垃圾场;

（七）挖掘、破坏、堵塞、占压架空电力线路接地装置;

（八）移动、损坏、拆卸电力线路的杆塔、变压器材、导线、拉线、控制信号传输线缆等设施或其标志;

（九）擅自攀登杆塔、搭接电力线路以及在杆塔上架设其他线路、安装其他设施；

（十）擅自开启、进入电力电缆沟、工井、隧道或者在地下电缆上浇灌水泥；

（十一）损坏海底、江河电缆或者管道，以及实施其他影响海底、江河电缆正常使用的；

（十二）其他危害电力设施的行为。

对于从事危害电力设施的行为，由县级以上地方人民政府电力行政主管部门责令限期改正；逾期不改正的，处一千元以上一万元以下罚款。

依据：《福建省电力设施建设保护和供用电秩序维护条例》第二十一条、第五十六条

◆ **8．电力线路保护区内哪些禁止行为，虽未造成破坏应予以处罚，如何处罚？**

答：禁止在法定的电力线路保护区内实施下列行为：

（一）在架空电力线路保护区内从事影响导线对地安全距离的填埋、铺垫，堆放、悬挂易漂浮的物体，垂钓，以及危及电力设施安全的野外用火；

（二）在架空电力线路保护区内堆放、储存易燃、易爆物品；

（三）在电力电缆线路保护区内钻探、打桩、挖掘或者超电缆盖板限荷碾压；

（四）在海底、江河电缆保护区内挖砂、钻探、打桩、抛锚、拖锚、底拖捕捞、养殖、超设计水深通航，港口和航道设施的正常建设维护除外；损坏海底电缆警示标志；

（五）其他危害电力线路安全的行为。在架空电力线路保护区内的建筑物、构筑物上设置广告设施应当符合安全距离，并采取安全防范措施。

在电力线路保护区内从事危害电力线路安全行为的，由县级以上地方人民政府电力行政主管部门责令限期改正；逾期不改正的，处五千元以上一万元以下罚款。

依据：《福建省电力设施建设保护和供用电秩序维护条例》第二十二条、第五十六条

◆ **9. 架空电力线路杆塔、拉线基础附近作业有哪些规定，虽未造成破坏但应处罚、如何处罚？**

答：禁止在距架空电力线路杆塔、拉线基础外缘的下列范围内进行取土、打桩、钻探、挖掘或者倾倒有害化学物品：

（一）35千伏以下架空电力线路杆塔、拉线周围5米的区域；

（二）110千伏以上架空电力线路杆塔、拉线周围10米的区域。

在前款规定的区域范围外进行取土、堆物、打桩、钻探、采矿、挖掘活动时，应当遵守下列规定：

（一）预留出通往杆塔、拉线基础供巡视和检修人员、车辆通行的道路；

（二）可能引起杆塔、拉线基础周围土壤、砂石滑坡的，应当修筑护坡加固，不得影响基础的稳定；

（三）不得损坏电力设施接地装置或者改变其埋设深度。

从事危及架空电力线路杆塔、拉线基础安全作业的，由县级以上地方人民政府电力行政主管部门责令限期改正；逾期不改正的，处五千元以上一万元以下罚款。

依据：《福建省电力设施建设保护和供用电秩序维护条例》第二十三条、第五十六条

◆ 10．电力设施周围施工作业有何规定，造成损坏如何处罚？

答：在电力设施周围从事爆破等可能危及电力设施安全作业的，作业单位应当在施工作业的三日前，书面通知电力企业，并可以要求电力企业派员到现场实施安全监护。电力企业接到通知后，应当在三日内向作业单位书面提出安全施工建议。发生突发事件时，作业单位需要进行抢修、抢险作业，可能危及电力设施安全的，应当在抢修、抢险作业的同时通知电力企业；电力企业接到通知后，应当派员到现场实施安全监护。作业单位应当根据电力设施安全保护的施工建议，采取相应的安全作业措施。

有下列行为之一的，由县级以上地方人民政府电力行政主管部门处一万元以上十万元以下罚款：

（一）作业单位未采取相应的安全作业措施，造成电力设施损坏的；

（二）电力企业未按时提供安全施工建议造成后果的。

依据：《福建省电力设施建设保护和供用电秩序维护条例》第二十四条、第五十七条

◆ 11．窃电行为的窃电量如何计算?

答: 窃电量按下列方法确定:

(1)在供电企业的供电设施上,擅自接线用电的,所窃电量按私接设备额定容量(千伏安视同千瓦)乘以实际使用时间计算确定;

(2)以其他行为窃电的,所窃电量按计费电能表标定电流值(对装有限流器的,按限流器整定电流值)所指的容量(千伏安视同千瓦)乘以实际窃用的时间计算确定。窃电时间无法查明时,窃电日数至少以一百八十天计算,每日窃电时间:电力用户按12小时计算;照明用户按6小时计算。

依据:《供电营业规则》第一百零三条

◆ 12．因人为原因造成供电设施损害的,如何赔偿?

答:《中华人民共和国民法典》第一千一百八十四条规定:侵害他人财产的,财产损失按照损失发生时的市场价格或者其他合理方式计算。

《最高人民法院关于审理破坏电力设备刑事案件具体应用法律若干问题的解释》的第四条中对直接经济损失作出了说明:直接经济损失的计算范围,包括电量损失金额，被毁损设备材料的购置、更换、修复费用，以及因停电给用户造成的直接经济损失等。

《中华人民共和国电力法》第六十条规定：因电力运行事故给用户或者第三人造成损害的，电力企业应当依法承担赔偿责任。电力运行事故由下列原因之一造成的，电力企业不承担赔偿责任：（一）不可抗力；（二）用户自身的过错。因用户或者第三人的过错给电力企业或者其他用户造成损害的，该用户或者第三人应当依法承担赔偿责任。

综上所述，因人为原因造成供电设施损害的，按照行为发生时的市场价格或者其他合理方式计算，通常情况以修复电力设施的金额作为赔偿金额。如果对其他用户也造成损害的，同时依法承担赔偿责任。

依据：《中华人民共和国民法典》第一千一百八十四条；《中华人民共和国电力法》第六十条；《最高人民法院关于审理破坏电力设备刑事案件具体应用法律若干问题的解释》第四条

◆ **13. 破坏电力设施致其倒塌，造成的损害由谁赔偿？**

答：《中华人民共和国民法典》第一千二百五十二

条规定：因所有人、管理人、使用人或者第三人的原因，建筑物、构筑物或者其他设施倒塌、塌陷造成他人损害的，由所有人、管理人、使用人或者第三人承担侵权责任。

因此，违法行为破坏电力设施致其倒塌的，造成的损害由违法行为人进行赔偿。

依据：《中华人民共和国民法典》第一千二百五十二条

◆ 14．林木倒塌造成电力设施损坏，损失由谁赔偿？

答：《中华人民共和国民法典》第一千二百五十七条规定：因林木折断、倾倒或者果实坠落等造成他人损害，林木的所有人或者管理人不能证明自己没有过错的，应当承担侵权责任。

因此，由林木倒塌造成电力设施损坏，造成的损害由林木的所有人或者管理人进行赔偿。

依据：《中华人民共和国民法典》第一千二百五十七条

◆ 15．对于盗窃电能的行为，如何处罚？

答：盗窃电能的，由电力管理部门责令停止违法行为，追缴电费并处应交电费五倍以下的罚款；构成犯罪的，依照刑法第一百五十一条或者第一百五十二条的规定追究刑事责任。

依据：《中华人民共和国电力法》第七十一条

◆ 16. 盗窃电力设施或电能，多少金额属于犯罪行为？

答：三千元。

《中华人民共和国刑法》第二百六十四条规定：盗窃公私财物，数额较大的，或者多次盗窃、入户盗窃、携带凶器盗窃、扒窃的，处三年以下有期徒刑、拘役或者管制，并处或者单处罚金；数额巨大或者有其他严重情节的，处三年以上十年以下有期徒刑，并处罚金；数额特别巨大或者有其他特别严重情节的，处十年以上有期徒刑或者无期徒刑，并处罚金或者没收财产。

根据《最高人民法院、最高人民检察院关于办理盗窃刑事案件适用法律若干问题的解释》第一条：盗窃公私财物价值一千元至三千元以上、三万元至十万元以上、三十万元至五十万元以上的，应当分别认定为刑法第二百六十四条规定的"数额较大""数额巨大""数额特别巨大"。

《最高人民法院、最高人民检察院关于办理盗窃刑事案件适用法律若干问题的解释》只给出了相应数额大致范围，通常各省的高院会在此范围内作出明确规定，这里以福建省为例。根据《关于我省诈骗、盗窃刑事案件执行具体数额标准的通知》（闽高法〔2013〕263号）：盗窃公私财物价值达三千元、六万元、三十万元的，分别认定中华人民共和国刑法第二百六十四条规定的"数额较大""数额巨大""数额特别巨大"。

依据：《中华人民共和国刑法》第二百六十四条；《最高人民法院、最高人民检察院关于办理盗窃刑事案件适用法律若干问题的解释》第一条；《关于我省诈骗、盗窃刑事案件执行具体数额标准的通知》（闽高法〔2013〕263号）

第八章

行政处罚决定执行

◆ 1．当事人经济困难能否免除行政处罚罚款缴交？

答：不能免除，但当事人确有经济困难，可向行政机关申请延期或者分期缴纳罚款，经行政机关批准，可以暂缓或者分期缴纳。

依据：《中华人民共和国行政处罚法》第六十六条

◆ 2．行政执法决定什么时候开始生效？

答：行政执法决定自送达当事人之日起生效。

行政执法决定附条件或者附期限生效的，应当载明生效的条件或者期限。

依据：《福建省行政执法条例》第三十二条

◆ 3．案件当事人拒签法律文书时该如何处理？

答：在当事人拒签法律文书时可以采取以下几种措施：

（1）尽量争取当事人的配合与签字。当事人存在对抗情绪时，需要办案人员开展耐心细致的说服教育工作，通过教育引导、政策攻心，告诉当事人拒绝签字不仅不能规避行政处罚，相反还会对自己造成不利（自由裁量时将根据其主动配合情况考虑处罚的幅度）。

（2）采用灵活策略对当事人拒签进行反证。当事人的拒签极易导致程序违法。对此，可以采取灵活的策略，对当事人的拒签进行有效反证。

1）当事人拒绝签收行政处罚告知书或听证告知书，送达人员将文书留置给当事人、在送达回证上注明当事人拒绝签收的原因之后由非本案办案人员主动上门听取当事人的陈述申辩，通过当事人的陈述申辩和陈述申辩记录上的签字反证当事人事实上已经收到行政处罚告知书或听证告知书。

2）当事人拒收行政处罚决定书，送达人员将处罚决定书留置给当事人，在送达回证上注明原因。尔后，由非本案办案人员及时对当事人进行回访，通过填制《行政处罚当事人回访表》，由当事人书面提出相关意见和建议，间接证明当事人已经在法定时间内收到行政处罚决定书。

3）邀请相关职能部门或司法调解部门人员对调查取证或文书送达过程进行见证。根据最高人民法院《关于行政诉讼证据若干问题的规定》，当事人拒签，可由在场人签名见证。最好的方法是邀请相关职能部门或司法调解部门人员到场，由其通过职务行为对取证或送达过程进行见证，并在相关书证资料上签名。

4）对证据或文书送达进行司法公证。对于重大案件当事人拒绝在证据上签字、拒绝签收法律文书，如确有必要办案机关可以邀请公证人员进行现场公证，制作公证书，并在相关材料上以见证人的身份签名见证。

◆ 4. 行政处罚决定拒不执行如何处理？

答：当事人逾期不履行行政处罚决定的，作出行政处罚决定的行政机关可以采取下列措施：

（一）到期不缴纳罚款的，每日按罚款数额的百分之三加处罚款，加处罚款的数额不得超出罚款的数额；

（二）根据法律规定，将查封、扣押的财物拍卖、依法处理或者将冻结的存款、汇款划拨抵缴罚款；

（三）根据法律规定，采取其他行政强制执行方式；

（四）依照《中华人民共和国行政强制法》的规定申请人民法院强制执行。

行政机关批准延期、分期缴纳罚款的，申请人民法院强制执行的期限，自暂缓或者分期缴纳罚款期限结束之日起计算。

当事人申请行政复议或者提起行政诉讼的，加处罚款的数额在行政复议或者行政诉讼期间不予计算。

依据：《中华人民共和国行政处罚法》第七十二条、第七十三条

◆ 5．当事人申请行政复议或者提起行政诉讼时，行政处罚是否停止执行？

答：当事人对行政处罚决定不服，申请行政复议或者提起行政诉讼的，行政处罚不停止执行，法律另有规定的除外。

当事人对限制人身自由的行政处罚决定不服，申请行政复议或者提起行政诉讼的，可以向作出决定的机关提出暂缓执行申请。符合法律规定情形的，应当暂缓执行。

当事人申请行政复议或者提起行政诉讼的，加处罚款的数额在行政复议或者行政诉讼期间不予计算。

依据：《中华人民共和国行政处罚法》第七十三条

◆ 6．行政强制执行催告书应载明的事项有哪些？

答：行政机关作出强制执行决定前，应当事先催告当事人履行义务。催告应当以书面形式作出，并载明下列事项：

（一）履行义务的期限；

（二）履行义务的方式；

（三）涉及金钱给付的，应当有明确的金额和给付方式；

（四）当事人依法享有的陈述权和申辩权。

依据：《中华人民共和国行政强制法》第三十五条

◆ 7．当事人收到催告书后享有哪些权利？

答：当事人收到催告书后有权进行陈述和申辩。行政机关应当充分听取当事人的意见，对当事人提出的事实、理由和证据，应当进行记录、复核。当事人提出的事实、理由或者证据成立的，行政机关应当采纳。

依据：《中华人民共和国行政强制法》第三十六条

◆ 8．强制执行决定书应载明哪些事项？

答：经催告，当事人逾期仍不履行行政决定，且无正当理由的，行政机关可以作出强制执行决定。

强制执行决定应当以书面形式作出，并载明下列事项：

（一）当事人的姓名或者名称、地址；

（二）强制执行的理由和依据；

（三）强制执行的方式和时间；

（四）申请行政复议或者提起行政诉讼的途径和期限；

（五）行政机关的名称、印章和日期。

在催告期间，对有证据证明有转移或者隐匿财物迹象的，行政机关可以作出立即强制执行决定。

依据：《中华人民共和国行政强制法》第三十七条

◆ 9. 行政强制执行有哪些要求？

答：行政机关不得在夜间或者法定节假日实施行政强制执行。但是，情况紧急的除外。行政机关不得对居民生活采取停止供水、供电、供热、供燃气等方式迫使当事人履行相关行政决定。

对违法的建筑物、构筑物、设施等需要强制拆除的，应当由行政机关予以公告，限期当事人自行拆除。当事人在法定期限内不申请行政复议或者提起行政诉讼，又不拆除的，行政机关可以依法强制拆除。

依据：《中华人民共和国行政强制法》第四十三条、第四十四条

◆ 10. 什么情况可以申请法院强制执行？

答：当事人在法定期限内不申请行政复议或者提起行政诉讼，又不履行行政决定的，没有行政强制执行权的行政机关可以自期限届满之日起三个月内，依照本章规定申请人民法院强制执行。

行政机关申请人民法院强制执行前，应当催告当事人履行义务。催告书送达十日后当事人仍未履行义务的，行政机关可以向所在地有管辖权的人民法院申请强制执行；执行对象是不动产的，向不动产所在地有管辖权的人民法院申请强制执行。

因情况紧急，为保障公共安全，行政机关可以申请人民法院立即执行。经人民法院院长批准，人民法院应当自作出执行裁定之日起五日内执行。

依据：《中华人民共和国行政强制法》第五十三条、第五十四条、第五十九条

◆ 11．如何申请法院强制执行？

答：行政机关向人民法院申请强制执行，应当提供下列材料：

（一）强制执行申请书；

（二）行政决定书及作出决定的事实、理由和依据；

（三）当事人的意见及行政机关催告情况；

（四）申请强制执行标的情况；

（五）法律、行政法规规定的其他材料。

强制执行申请书应当由行政机关负责人签名，加盖行政机关的印章，并注明日期。行政机关申请人民法院

强制执行，不缴纳申请费。强制执行的费用由被执行人承担。

依据：《中华人民共和国行政强制法》第五十五条、第六十条

第九章 ◀◀◀

其他常见问题

◆ 1. 行政处罚后还能要求行为人赔偿抢修费用吗?

答:《中华人民共和国行政处罚法》第八条规定,公民、法人或者其他组织因违法行为受到行政处罚,其违法行为对他人造成损害的,应当依法承担民事责任。

《中华人民共和国电力法》第六十八条规定,未经批准或者未采取安全措施在电力设施周围或者在依法划定的电力设施保护区内进行作业,危及电力设施安全的,由电力管理部门责令停止作业、恢复原状并赔偿损失。

责令赔偿损失是一种行政行为,不属于行政处罚,不能将责令赔偿损失写入《行政处罚决定书》中。

依据:《中华人民共和国行政处罚法》第八条;《中华人民共和国电力法》第六十八条

◆ 2. 行政处罚后督促民事赔偿,是否违反"一事不两罚"规定?

答:行政处罚和民事责任不冲突,仍然可以追究民事责任。《中华人民共和国行政处罚法》明确规定"公民、法人或者其他组织因违法行为受到行政处罚,其违法行为对他人造成损害的,应当依法承担民事责任"。

依据:《中华人民共和国行政处罚法》第八条

◆ 3．对责令限期改正的行为，其改正期限有何规定？

答： 除法律、法规、规章另有规定外，限期改正的期限最长不超过30日，情况特殊的，经行政处罚实施机关负责人批准，可以延长15日，需要继续延长的报上一级执法机关批准。

依据：《福建省经济和信息化委员会行政处罚自由裁量权适用规则》第十二条

◆ 4．对于哪些违法行为，可以对其依法予以中止供电？

答： 电力行政主管部门对以下几类违法行为可以依法予以中止供电：

（1）擅自改变用电类别，且为再次发生的。

（2）擅自超过合同约定的容量用电，拒绝改正的。

（3）擅自超过计划分配的用电指标用电，拒绝改正的。

（4）擅自使用已经在供电企业办理暂停使用手续的电力设备，或者擅自启用已经被供电企业查封的电力设备，启用电力设备危及电网安全的。

（5）擅自迁移、更动或者擅自操作供电企业的用电计量装置、电力负荷控制装置、供电设施以及约定由供电企业调度的用户受电设备，危及电网安全的。

（6）未经供电企业许可，擅自引入、供出电力或者将自备电源擅自并网，拒绝改正的。

（7）对存在重大事故隐患的生产经营单位作出停产停业、停止施工、停止使用相关设施或者设备的决定，生产经营单位拒不执行，有发生生产安全事故的现实危险的，在保证安全的前提下，经本部门主要负责人批准，负有安全生产监督管理职责的部门可以采取通知有关单位停止供电、停止供应民用爆炸物品等措施，强制生产经营单位履行决定。通知应当采用书面形式，有关单位应当予以配合。负有安全生产监督管理职责的部门依照前款规定采取停止供电措施，除有危及生产安全的紧急情形外，应当提前二十四小时通知生产经营单位。

依据：《中华人民共和国电力法》第三十二条、第六十五条；《供用电监督管理办法》第二十八条；《中华人民共和国安全生产法》第六十七条

◆ 5．对线路保护区内野外用火的违法行为，有何执法依据？

答：禁止在法定的电力线路保护区内实施下列行为：在架空电力线路保护区内从事影响导线对地安全距离的

填埋、铺垫，堆放、悬挂易漂浮的物体，垂钓，以及危及电力设施安全的野外用火。

违反以上规定，在电力线路保护区内从事危害电力线路安全行为的，由县级以上地方人民政府电力行政主管部门责令限期改正；逾期不改正的，处五千元以上一万元以下罚款。

依据：《福建省电力设施建设保护和供用电秩序维护条例》第二十二条、第五十六条

◆ 6. 对造成线树隐患的违法行为，有何执法依据?

答：发生突发事件危及电力设施安全时，电力设施产权人或者管理人可以先行采取以下紧急措施消除危险源，并在规定时间内向当地县级以上人民政府有关部门报告：

（一）中止供电；

（二）修剪或者砍伐危及电力设施安全的林木等植物；

（三）挖掘排水沟渠等开挖地面行为；

（四）清除危及电力设施安全的建筑物、构筑物；

（五）采取其他排除妨碍、消除危险的措施。

违反《福建省电力设施保护办法》规定，在电力设施保护区内兴建建筑物、构筑物或者堆放物品、种植植

物，危及电力设施安全的，由县级以上人民政府电力管理部门提请本级人民政府责令强制拆除、清除或者砍伐。

依据：《福建省电力设施保护办法》第二十一条、第三十一条

◆ 7．如何依法整治变电站周边易漂浮物？

答：禁止在发电厂、热电厂、变电站附近从事焚烧或者堆放易燃易爆物品、漂浮物，搭盖遮盖物等可能危及电力设施安全的行为。

违反《福建省电力设施建设保护和供用电秩序维护条例》相关规定，从事危害电力设施行为的，由县级以上地方人民政府电力行政主管部门责令限期改正；逾期不改正的，处一千元以上一万元以下罚款。

依据：《福建省电力设施建设保护和供用电秩序维护条例》第二十一条、第五十六条

◆ 8．对于非法收购电力物资的行为，法律有何规定？

答：收购废旧金属的企业和个体工商户不得收购下列金属物品：

（一）枪支、弹药和爆炸物品；

（二）剧毒、放射性物品及其容器；

（三）铁路、油田、供电、电信通讯、矿山、水利、测量和城市公用设施等专用器材；

（四）公安机关通报寻查的赃物或者有赃物嫌疑的物品。

收购废旧金属的企业和个体工商户发现有出售公安机关通报寻查的赃物或者有赃物嫌疑的物品的，应当立即报告公安机关。

再生资源回收企业回收生产性废旧金属时，应当对物品的名称、数量、规格、新旧程度等如实进行登记。出售人为单位的，应当查验出售单位开具的证明，并如实登记出售单位名称、经办人姓名、住址、身份证号码；出售人为个人的，应当如实登记出售人的姓名、住址、身份证号码。登记资料保存期限不得少于两年。

依据：《废旧金属收购业治安管理办法》第九条、第十条；《再生资源回收管理办法》第十条

◆ 9. 遇到非法收购电力物资的行为，如何处理？

答：收购生产性废旧金属未如实进行登记的，由公安机关依据《废旧金属收购业治安管理办法》的有关规定予以处罚。

依据《废旧金属收购业治安管理办法》第十三条，

有下列情形之一的，由公安机关给予相应处罚：

（一）违反本办法第四条第一款规定，未领取特种行业许可证收购生产性废旧金属时，予以取缔，没收非法收购的物品及非法所得，可以并处5000元以上10000元以下的罚款；

（二）违反本办法第四条第二款规定，未履行备案手续收购非生产性废旧金属的，予以警告或者处以500元以下的罚款；

（三）违反本办法第六条规定，未向公安机关办理注销、变更手续的，予以警告或者处以200元以下的罚款；

（四）违反本办法第七条规定，非法设点收购废旧金属的，予以取缔，没收非法收购的物品及非法所得，可以并处5000元以上10000元以下的罚款；

（五）违反本办法第八条规定，收购生产性废旧金属时未如实登记的，视情节轻重，处以2000元以上5000元以下的罚款、责令停业整顿或者吊销特种行业许可证；

（六）违反本办法第九条规定，收购禁止收购的金属物品的，视情节轻重，处以2000元以上10000元以下的罚款、责令停业整顿或者吊销特种行业许可证。

有前款所列第（一）、（二）、（四）、（五）、（六）项情形之一，构成犯罪的，依法追究刑事责任。

依据：《再生资源回收管理办法》第二十三条；《废旧金属收购业治安管理办法》第十三条

◆ 10．治安管理处罚法对违法收购电力设备行为如何处罚？

答：违反国家规定，收购铁路、油田、供电、电信、矿山、水利、测量和城市公用设施等废旧专用器材的，处五百元以上一千元以下罚款；情节严重的，处五日以上十日以下拘留，并处五百元以上一千元以下罚款。

依据：《中华人民共和国治安管理处罚法》第五十九条

◆ 11．治安管理处罚法对盗窃电力设备的行为如何处罚？

答：盗窃、损毁油气管道设施、电力电信设施、广播电视设施、水利防汛工程设施或者水文监测、测量、气象测报、环境监测、地质监测、地震监测等公共设施的，处十日以上十五日以下拘留。

依据：《中华人民共和国治安管理处罚法》第三十三条

◆ 12. 刑法对于破坏电力设备的行为如何处罚?

答: 破坏电力、燃气或者其他易燃易爆设备,危害公共安全,尚未造成严重后果的,处三年以上十年以下有期徒刑。

破坏交通工具、交通设施、电力设备、燃气设备、易燃易爆设备,造成严重后果的,处十年以上有期徒刑、无期徒刑或者死刑。

依据:《中华人民共和国刑法》第一百一十八条、第一百一十九条

第十章 ◀◀◀

典型错误

◆ 1. 以电力执法办名义开展行政执法

解析:《中华人民共和国行政处罚法》第十七条规定"行政处罚由具有行政处罚权的行政机关在法定职权范围内实施",《福建省行政执法条例》第十三条第二款规定"县级以上地方人民政府所属行政执法机关的行政执法主体资格由本级人民政府依法确认,并向社会公告"。各级电力行政执法机构人员要清楚本级人民政府公布的行政执法主体名单(如工信局、综合执法支队等),以经发布的行政执法主体开展执法工作,并贯穿整个执法案件办理流程。

现行体制下,市、县两级电力执法办是本级电力行政主管部门的内设机构,不具备执法主体资格,不得以电力执法办名义开展行政执法,应以电力行政主管部门(如工信局、能源局)的名义开展行政执法,特别注意卷宗封面、询问笔录、行政处罚告知书中执法单位应为"××市(县)工信局(能源局)"。

◆ 2. 执法人员无证执法

解析:《福建省行政执法条例》第二十三条第一款规定"从事行政执法的工作人员应当依法经相关行政执法资格考试合格,取得行政执法证件。"

未取得行政执法资格和领取执法证件的工作人员只能从事电力执法辅助工作，如记录员、测绘员等，不得在举报核查、现场勘验、询问笔录等执法文书执法人员一栏签字。

◆ **3．将赔偿损失列入处罚决定**

解析：《中华人民共和国行政处罚法》第九条明确"行政处罚的种类：

（一）警告、通报批评；

（二）罚款、没收违法所得、没收非法财物；

（三）暂扣许可证件、降低资质等级、吊销许可证件；

（四）限制开展生产经营活动、责令停产停业、责令关闭、限制从业；

（五）行政拘留；

（六）法律、行政法规规定的其他行政处罚。"

在具体执法过程中，行政机关可依法作出责令执法对象赔偿损失的行政处理决定，但由于赔偿损失、抢修费用等民事赔偿不属于行政处罚类别，不能列入行政处罚结果。

◆ 4. 未准确履行行政复议、行政诉讼权利告知

解析：《中华人民共和国行政复议法》第十二条规定"对县级以上地方各级人民政府工作部门的具体行政行为不服的，由申请人选择，可以向该部门的本级人民政府申请行政复议，也可以向上一级主管部门申请行政复议"；第十九条规定"法律、法规规定应当先向行政复议机关申请行政复议、对行政复议决定不服再向人民法院提起行政诉讼的，行政复议机关决定不予受理或者受理后超过行政复议期限不作答复的，公民、法人或者其他组织可以自收到不予受理决定书之日起或者行政复议期满之日起十五日内，依法向人民法院提起行政诉讼"。

在行政处罚决定书中告知行政复议权利要正确完整，复议对象应为本级人民政府和上一级工信部门；避免出现错误告知复议对象为本执法单位，或只告知单一的复议对象的情形。

行政处罚决定书中告知行政诉讼权利时应明确告知可向行政机关所在地基层人民法院提起行政诉讼。如福州市工信局办公地点在福州市仓山区，被执行人如要提起诉讼，则应向仓山区人民法院提起行政诉讼申请。

◆ 5．调查取证不够科学严谨

解析：《福建省行政执法条例》第五十五条规定"行政执法机关根据调查需要，可以采取以下措施：

（一）书面通知有关公民、法人和其他组织对调查事项作出解释和说明；

（二）要求公民、法人和其他组织提供与调查事项有关的文件、资料，并进行复制；

（三）对有关公民、法人和其他组织的工作场所、经营场所等进行现场勘验、检查；

（四）勘验检查时，对现场测量、拍照、录音、录像、抽取样品、询问在场人；

（五）自行或者委托法定鉴定、检验机构对有关事实进行鉴定、检验；

（六）法律、法规、规章规定的其他调查措施。"

调查取证过程中应注意：询问时要对现场检查情况进一步询问核实，对违法事实进行主客观相互印证，避免出现询问笔录中指认性询问当事人是否是案件肇事者的情形；要详细询问案件发生时的具体细节，现场勘验的照片应进行确认，询问记录严格履行当事人核对笔录信息是否正确无误的记录等。

◆ 6．现场勘查记录不完整

解析：《中华人民共和国行政处罚法》第四十条规定"公民、法人或者其他组织违反行政管理秩序的行为，依法应当给予行政处罚的，行政机关必须查明事实；违法事实不清的，不得给予行政处罚"。《工业和信息化厅关于印发厅行政执法"三项制度"相关配套规定的通知》（闽工信法规〔2020〕78号）附件2《工业和信息化厅行政执法全过程记录实施规则》第十一条明确"在案件核查或者调查取证时，对物品或者场所进行检查的，应制作《现场检查（勘验）记录》。"

现场勘验记录应当载明时间、地点和事件等内容，执法人员执法信息（姓名、职务、证号等）应正确填写，对事故现场的物与物之间距离应数字化，必要时应绘制现场勘查图样，体现取证痕迹，修改时用规范符号标注，并让当事人盖手印确认，多页记录应标注"第×页共×页"，并盖骑缝章等。相关记录应由执法人员和当事人签名，当事人拒绝签名的，应当注明原因，不能签名的应当以盖章等方式证明，有第三方公证人员在现场的，可由第三方公证人员签名；法律、法规、司法解释和规章对现场笔录的制作形式另有规定的从其规定。

现场勘验拍摄的照片应进行必要的说明,如拍摄部位、什么现象,要标注时间、地点、拍摄人,拍摄人应签字确认,当事人、见证人对照片进行确认时,也应签字盖章。标注示例:"拍摄说明:110千伏三塘线11号~12号外破现场取证(导线损坏情况);拍摄部位:110千伏三塘线11号~12号A相导线放电点;时间:2021年3月1日15:00;地点:110千伏三塘线11号~12号杆外破现场;拍摄人:张三、李四。"

◆ 7. 证据收集不充分

解析:《福建省行政执法条例》第五十三条规定"行政执法机关应当依照法定程序,采取合法手段,全面、客观、公正地收集证据。行政执法机关对司法机关、其他行政执法机关正式移送的相关材料,经依法审核后,可以作为证据使用"。

行政案件办理过程中要求证据之间需要互相印证、环环相扣,形成完整的证据链。证明当事人主体身份类证据材料(身份证明、营业执照、许可证等),当事人应当在复印件标注出证日期、证据出处、并签名盖章,执法人员应履行与原件核实的责任,核对无误后签名确认。

◆ 8．调查或检查过程不符合执法规范要求

解析：《中华人民共和国行政处罚法》第五十四条至第六十二条对行政执法一般程序进行了明确规定：现场检查（勘验）、调查取证应有2名以上执法人员进行，在相应的记录上应有2名以上持合法有效的行政执法证件的执法人员信息；立案审批表签署完成后应及时办理立案决定书；立案决定书公示后要求当事人配合调查的函件应有相应的送达回证或签收记录；调查取证阶段结束后，应制作案件调查终结报告，并办理行政处罚决定审批。

电力行政执法案件办理过程中要注意：立案前应进行现场核实，并有案件定性的记录；执法全过程落实2人执法并出示证件的规定；案审批表完成后应办理立案决定书；案件调查终结时应出具案件调查终结报告；行政处罚决定书等执法文书应盖章；相关文书送达签收应符合有关规定；作出行政处罚决定之日起7个工作日内应在属地政府确定统一的执法信息公示平台上公开行政执法决定信息；催缴强制执行前要先落实催缴告知的要求。

◆ 9．案件办理不符合法定时限要求

解析：《中华人民共和国行政处罚法》第六十条规定"行政机关应当自行政处罚案件立案之日起九十日内作出

行政处罚决定。法律、法规、规章另有规定的，从其规定。"第六十一条规定"行政处罚决定书应当在宣告后当场交付当事人；当事人不在场的，行政机关应当在七日内依照《中华人民共和国民事诉讼法》的有关规定，将行政处罚决定书送达当事人。"

电力行政案件办理时，开展现场勘查、询问笔录、集体讨论、发出行政处罚告知书、作出行政处罚决定等环节众多，办案时应尽量安排好时间，有关时限有：行政处罚决定应在立案决定之日90日内作出，同时要注意行政处罚决定书与行政处罚告知书间隔时间应满足事人依法享有陈述、申辩权利（一般为3天）的时间要求；行政执法文书送达时间不得超过法定时间，如处罚决定书要求7日送达等。

◆ 10．集体讨论组织流程不规范

解析：《中华人民共和国行政处罚法》第五十七条规定"对情节严重或者重大违法行为给予较重的行政处罚，行政机关的负责人应当集体讨论决定"。

《福建省经济和信息化委员会行政处罚工作规则》第四十一条第二款规定"对公民处以2000元以上罚款，对法人或者其他组织处以2万元以上罚款的"；第三十九条明确对情节复杂或者重大违法行为给予罚款数额在3万元以上的，由承办处（科）室报分管领导审核后提交厅（局）长办公会议研究决定。

一般情况下，作出行政处罚决定均应有处（科）室会议讨论记录；作出较大数额罚款处罚决定（对个人处以2000元及以上、对单位处以2万元以上罚款和对情节复杂或者重大违法行为罚款数额在3万元以上的行政处罚）的案件应开展集体讨论，行政机关负责人应当参加讨论。开展集体讨论时应注意：坚持执法公正的原则，利益受损方或当事人不得参加集体讨论；不得超越行政执法机关权限，禁止作出类似"免于追究刑事责任"的结论；讨论记录制作应规范，要注明主持人、参加人、记录人，办案人员对案件陈述信息（包括案由、事实、案件定性、查证情况、拟作出处罚建议等）和参会人员讨论的事项、具体意见、最终结论均应详细记录。

◆ 11．案件法定依据不正确

解析：《中华人民共和国行政处罚法》第三十八条规定"行政处罚没有依据或者实施主体不具有行政主体资格的，行政处罚无效。违反法定程序构成重大且明显违法的，行政处罚无效"。

在办理行政处罚案件中，行政执法人员要正确判断证据所证明的违法事实，并依据法律、法规和规章的规定对当事人的违法行为进行定性。由于部分行政执法人员对法律、法规和规章的规定理解不够，出现定性依据引用错误或不当现象。如施工作业造成电力设施外破的事件，应引用《福建省电力设施建设保护和供用电秩序维护条例》第二十四条作为应遵守的条款，但在实际办案过程中常错误引用《福建省电力设施建设保护和供用电秩序维护条例》第二十一、第二十二、第二十三条或是《中华人民共和国行政处罚法》第五十六条、第五十七条作为遵守的条款。

◆ 12. 案件引用条款不具体

解析：《最高人民法院关于裁判文书引用法律、法规等规范性法律文件的规定》第一条规定"人民法院的裁判文书应当依法引用相关法律、法规等规范性法律文件作为裁判依据。引用时应当准确完整写明规范性法律文件的名称、条款序号，需要引用具体条文的，应当整条引用"。

电力执法案件办理过程中行政执法案件引用的法律、法规、规章的条、款、项、目应明确，在阐述违反事实依据和处罚依据时，引用的法律条款未具体到对应款项，特别是针对隐患类进行立案的，引用《福建省电力设施建设保护和供用电秩序维护条例》第二十一、第二十二、第二十三条时，需具体到对应款项。注意引用到款时写作"第×条第×款"，引用到项时写作"第×条第×款第（×）项"或"第×条第（×）项"。如："违反了《福建省电力设施建设保护与供用电秩序维护条例》第二十四条的规定……现依据《福建省电力设施建设保护与供用电秩序维护条例》第五十七条第（一）项……的规定，决定对你（单位）作出……。"

◆ 13. 案件处罚依据不规范

解析：按照《中华人民共和国行政处罚法》第十条至第十六条的规定，处罚依据应当是法律、法规以及规章等，不得引用一般文件（或规范性文件）的要求和规定。

应注意，2020年印发的《福建省电力设施保护和供用电秩序维护类行政处罚自由裁量权参照执行标准》（闽工信函能源〔2020〕363号）为指导性文件，只能在处罚决定的说理部分体现，不应列入"处罚依据"事项。说理部分可表述为"你公司的行为违反了《福建省电力设施建设保护和供用电秩序维护条例》第二十四条规定。

参照电力执法类行政处罚裁量标准，并经审核后判定其违法行为程度'一般'。"

处罚依据与违反事实依据应前后对应一致，避免出现如违反《电力法》《供用电监督管理办法》的相关规定，而用《福建省电力设施建设保护与供用电秩序维护条例》的罚则进行处罚。

◆ 14. 执法文书编号不规范

解析：各类执法文书在编号时应遵循机关文书管理制度的有关规定执行，不得随意编码。文号填写一般以地域简称开头，按照执法部门简称、执法类别、执法性质、年份、序号的顺序进行填写，序号每年从1月1日起从"1"号编起，如"闽工信电力罚字〔2020〕第1号"。避免出现"电力×罚字〔2020〕1号""执×罚字〔2020〕1号"（×代表地区简称）等错误的文书编号的情况。

◆ 15. 见证人为利益相关人员

解析：电力行政执法案件办理过程中检查、现场勘验时，应邀请当地村委会、居委会、现场其他人员等第三方人员作见证人，不应邀请供电公司员工或当事人等与案件存在一定利益关系的人员作为见证人。

◆ 16. 执法文书签字不完整，表述意见不清晰

解析：签字应完整，如当事人在现场勘验或询问笔录中应签字并盖章；有关负责人在立案审批表、处罚决定审批表中应签字并签署审批意见。签字表述意见应清晰，如签发"同意立案"或者"不同意立案"，不得以签名代替处理意见。